Bucură-te de Viață Vegane

Delicii Fără Produse de Origine Animală

Maria Popescu

Cuprins

Fasole Edamame la grătar şi dovlecel 9
Varză şi ardei la grătar 11
Dovlecei la grătar şi bame 13
Anghinare la gratar si salata romana 15
Varză şi ardei gras 16
Sfecla la gratar si buchetele de broccolini 18
Fasole Edamame la grătar şi salată verde 20
Varză la grătar şi ardei verzi 22
Dovlecel şi varză la grătar 24
Bame la grătar şi ceapă roşie 26
Anghinare la gratar si ceapa rosie 28
Kale la gratar si salata verde romana 30
Sfecla si morcovi la gratar 32
Morcovi şi ceapă la grătar 34
Porumb la grătar şi bucheţele de broccolini 36
Inimi de anghinare la gratar 38
Sfecla la gratar si sparanghel 40
varză la grătar 42
anghinare la gratar 43
Bame la grătar şi sparanghel 44

Varza la gratar si salata romana 46

Fasole Edamame și ardei la grătar 48

Morcovi și ardei gras verzi la grătar 50

Inimioare de anghinare si porumb la gratar cu vinegreta de miere
.... 52

Sfecla si morcovi la gratar 54

Bame și anghinare la grătar 56

Varză prăjită și ceapă roșie Okra 58

Fasole Edamame și varză la grătar 60

Anghinare la gratar, morcovi si varza varza 62

Sfecla la gratar si inimioare de anghinare 64

Sparanghel la grătar cu vinaigretă de muștar englezesc 66

Buton și ciuperci shitake la grătar 69

Conopida la gratar cu Chipotle 71

Sparanghel la gratar cu miso 73

Porumb la grătar cu chile Poblano 76

Broccoli la gratar cu iaurt fara lapte 78

Ciuperci la grătar cu dip de lămâie și migdale 80

Bulbi de fenicul la gratar super usor 82

Morcovi afumati la gratar cu iaurt vegan 83

Ciuperci dovlecei la gratar si conopida 85

Conopida la gratar, broccoli si sparanghel 87

Morcovi la grătar cu glazură de miere și ghimbir 89

Vinete spiralate la gratar cu rosii 91

Frigarui de dovlecei la gratar 93
Frigarui de ardei Shishito cu reteta de glazura Teriyaki 95
Radicchio la grătar cu brânză vegană.. 96
Bol cu fasole cu roșii avocado... 97
Boluri cu quinoa cu fasole neagră.. 99
Varza de Bruxelles cu sos de soia..101
Taitei Teriyaki vegani 103
Spaghete carbonara vegane 105
Salată cu tăiței de orez..107
Spaghete Bolognese Vegane...109
Roșii umplute pesto...111
Salată de anghinare cu varză mov și varză Napa 114
Salata de tomate cu spanac si nasturel 115
Salată de varză, ananas și castraveți 116
Salată de varză, ananas și piersici 117
Napa Varza Nasturel si Salata de Morcovi 118
Salată de varză Napa și ciuperci Enoki 119
Salată de morcovi și nasturel de varză Napa 120
Salată de anghinare, varză și ceapă Napa 121
Salată de anghinare și roșii prune și varză Napa 122
Salată de murături, struguri și porumb 123
Salata de cireșe și spanac Tomatillos 124
Salata de mere, varza rosie si cirese 125
Salată de roșii prune, mere și varză roșie...126

Salată de ananas, mango, roșii prune, kale 127

Salată de varză, ananas, mango și castraveți 128

Salata de tomate, mango si mere 129

Salată verde și roșii cu glazură balsamică 130

Salată cu miere, broccoli și ceapă 131

Salata Romana cu Glazura Balsamic 132

Salată de bază cu guacamole 134

Salata de castraveti rosii cherry 136

Salata de broccoli si rosii cherry 137

Salată cu ardei roșu și fasole neagră 139

Salată de fasole și porumb 140

salata de porumb 141

Roșii prăjite minimaliste 142

Salată minimalistă de piersici și mango 145

Salată de dovlecel la grătar 146

Salată de vinete la grătar în ulei de nucă de macadamia 148

Salata de dovlecei si vinete la gratar 150

Salată de dovlecel și sparanghel la grătar 152

Conopida la gratar, varza de Bruxelles si salata de vinete 156

Salata de vinete si sparanghel cu dovlecei la gratar 159

Salata de vinete si conopida la gratar 161

Salata de rosii si vinete cu dovlecel la gratar 167

Varza de Bruxelles la gratar si salata de vinete 169

Salata de vinete si sparanghel la gratar 171

Salată de fasole verde prăjită și broccoli 174

Salata de morcovi si salata verde la gratar 176

Salată de fasole verde prăjită și broccoli 178

Salată de dovlecei la grătar și andive 180

Salată de conopidă prăjită și varză de Bruxelles 182

Salată simplă de vinete la grătar 184

Salată de fasole verde și roșii la grătar 186

Salata de morcovi si salata verde la gratar 188

Salată de vinete și andive la grătar 191

Salată de roșii la grătar și conopidă 193

Salată de conopidă prăjită și varză de Bruxelles 195

Salată de andive, sparanghel și vinete la grătar 198

Salata de dovlecei, sparanghel si vinete la gratar 200

Sparanghel la gratar, varza de Bruxelles si salata de dovlecel 202

Salata de vinete si sparanghel cu dovlecei la gratar 204

Salata de vinete la gratar si salata romana 207

Salată de andive cu conopidă la grătar și fasole verde 209

Salata de vinete la gratar, rosii si conopida 211

Salată de dovlecel cu vinete la grătar și andive 213

Salată de morcovi, roșii și vinete la grătar 215

Fasole Edamame la grătar și dovlecel

Ingrediente

20 buc. Fasole de soia

1 kilogram de dovlecel, tăiați pe lungime în bețișoare mai scurte

1 kilogram de ardei gras verzi, tăiați în fâșii largi

1 ceapă roșie mare, tăiată în felii groase de 1/2 inch

1/3 cana patrunjel italian sau busuioc, tocat marunt

Ingrediente pentru dressing:

6 linguri ulei de masline extravirgin

1 lingurita praf de ceapa

sare de mare, dupa gust

3 linguri de otet alb distilat

1 lingurita mustar de Dijon

Combinați bine toate ingredientele pentru dressing.

Preîncălziți grătarul la foc mic și ungeți grătarele.

Legumele la grătar timp de 12 minute pe fiecare parte, până se înmoaie o dată.

Ungeți cu ingrediente pentru marinată/dresing

Varză și ardei la grătar

Ingrediente

1 varză medie feliată

1 kilogram de ardei gras verzi, tăiați în fâșii largi

1 ceapă roșie mare, tăiată în felii groase de 1/2 inch

1/3 cana patrunjel italian sau busuioc, tocat marunt

ingrediente pentru pansament

6 linguri ulei de masline

1 lingurita praf de usturoi

1 lingurita praf de ceapa

sare de mare, dupa gust

3 linguri otet de vin alb

1 lingurita mustar englezesc

Combinați bine toate ingredientele pentru dressing.

Preîncălziți grătarul la foc mic și ungeți grătarele.

Legumele la grătar timp de 12 minute pe fiecare parte, până se înmoaie o dată.

Ungeți cu ingrediente pentru marinată/dresing

Dovlecei la grătar și bame

Ingrediente

10 buc. Bame

1 kilogram de dovlecel, tăiați pe lungime în bețișoare mai scurte

10 buc. varză de Bruxelles

1 ceapă roșie mare, tăiată în felii groase de 1/2 inch

1/3 cana patrunjel italian sau busuioc, tocat marunt

ingrediente pentru pansament

6 linguri ulei de masline

3 stropi de sos iute Tabasco

sare de mare, dupa gust

3 linguri otet de vin alb

1 lingurita de maioneza fara ou

Combinați bine toate ingredientele pentru dressing.

Preîncălziți grătarul la foc mic și ungeți grătarele.

Legumele la grătar timp de 12 minute pe fiecare parte, până se înmoaie o dată.

Ungeți cu ingrediente pentru marinată/dresing

Anghinare la gratar si salata romana

Ingrediente

1 buc. Anghinare

1 legatura de frunze de salata romana

2 morcovi medii, tăiați pe lungime și în jumătate

4 roșii mari, feliate groase

ingrediente pentru pansament

6 linguri ulei de masline extravirgin

sare de mare, dupa gust

3 linguri de otet balsamic

1 lingurita mustar de Dijon

Combinați bine toate ingredientele pentru dressing.

Preîncălziți grătarul la foc mic și ungeți grătarele.

Legumele la grătar timp de 12 minute pe fiecare parte, până se înmoaie o dată.

Ungeți cu ingrediente pentru marinată/dresing

Varză și ardei gras

Ingrediente

1 buchet de kale

1 kilogram de ardei gras verzi, tăiați în fâșii largi

1 ceapă roșie mare, tăiată în felii groase de 1/2 inch

1/3 cana patrunjel italian sau busuioc, tocat marunt

ingrediente pentru pansament

6 linguri ulei de masline extravirgin

sare de mare, dupa gust

1 lingurita praf de ceapa

1/2 lingurita Ierburi de Provence

3 linguri de otet alb

1 lingurita mustar de Dijon

Combinați bine toate ingredientele pentru dressing.

Preîncălziți grătarul la foc mic și ungeți grătarele.

Legumele la grătar timp de 12 minute pe fiecare parte, până se înmoaie o dată.

Ungeți cu ingrediente pentru marinată/dresing

Sfecla la gratar si buchetele de broccolini

Ingrediente

5 buc. Sfeclă

1 kilogram de ardei gras verzi, tăiați în fâșii largi

10 buchețe de broccolini

10 buc. varză de Bruxelles

1 ceapă roșie mare, tăiată în felii groase de 1/2 inch

1/3 cana patrunjel italian sau busuioc, tocat marunt

ingrediente pentru pansament

6 linguri ulei de masline extravirgin

sare de mare, dupa gust

3 linguri otet de mere

1 lingura. dragă

1 lingurita de maioneza fara ou

Combinați bine toate ingredientele pentru dressing.

Preîncălziți grătarul la foc mic și ungeți grătarele.

Legumele la grătar timp de 12 minute pe fiecare parte, până se înmoaie o dată.

Ungeți cu ingrediente pentru marinată/dresing

Fasole Edamame la grătar și salată verde

Ingrediente

20 buc. Fasole de soia

1 legatura de frunze de salata romana

2 morcovi medii, tăiați pe lungime și în jumătate

4 roșii mari, feliate groase

Ingrediente pentru dressing:

6 linguri ulei de masline extravirgin

1 lingurita praf de ceapa

sare de mare, dupa gust

3 linguri de otet alb distilat

1 lingurita mustar de Dijon

Combinați bine toate ingredientele pentru dressing.

Preîncălziți grătarul la foc mic și ungeți grătarele.

Legumele la grătar timp de 12 minute pe fiecare parte, până se înmoaie o dată.

Ungeți cu ingrediente pentru marinată/dresing

Varză la grătar și ardei verzi

Ingrediente

1 varză medie feliată

1 kilogram de ardei gras verzi, tăiați în fâșii largi

1 ceapă roșie mare, tăiată în felii groase de 1/2 inch

1/3 cana patrunjel italian sau busuioc, tocat marunt

ingrediente pentru pansament

6 linguri ulei de masline extravirgin

sare de mare, dupa gust

3 linguri de otet balsamic

1 lingurita mustar de Dijon

Combinați bine toate ingredientele pentru dressing.

Preîncălziți grătarul la foc mic și ungeți grătarele.

Legumele la grătar timp de 12 minute pe fiecare parte, până se înmoaie o dată.

Ungeți cu ingrediente pentru marinată/dresing

Dovlecel și varză la grătar

Ingrediente

1 kilogram de dovlecel, tăiați pe lungime în bețișoare mai scurte

1 varză medie feliată

1 ceapă roșie mare, tăiată în felii groase de 1/2 inch

1/3 cana patrunjel italian sau busuioc, tocat marunt

10 buchețe de broccolini

10 buc. varză de Bruxelles

ingrediente pentru pansament

6 linguri ulei de masline

3 stropi de sos iute Tabasco

sare de mare, dupa gust

3 linguri otet de vin alb

1 lingurita de maioneza fara ou

Combinați bine toate ingredientele pentru dressing.

Preîncălziți grătarul la foc mic și ungeți grătarele.

Legumele la grătar timp de 12 minute pe fiecare parte, până se înmoaie o dată.

Ungeți cu ingrediente pentru marinată/dresing

Bame la grătar și ceapă roșie

Ingrediente

10 buc. Bame

1 ceapă roșie mare, tăiată în felii groase de 1/2 inch

1/3 cana patrunjel italian sau busuioc, tocat marunt

ingrediente pentru pansament

6 linguri ulei de masline

1 lingurita praf de usturoi

1 lingurita praf de ceapa

sare de mare, dupa gust

3 linguri otet de vin alb

1 lingurita mustar englezesc

Combinați bine toate ingredientele pentru dressing.

Preîncălziți grătarul la foc mic și ungeți grătarele.

Legumele la grătar timp de 12 minute pe fiecare parte, până se înmoaie o dată.

Ungeți cu ingrediente pentru marinată/dresing

Anghinare la gratar si ceapa rosie

Ingrediente

1 buc. Anghinare

1 ceapă roşie mare, tăiată în felii groase de 1/2 inch

1/3 cana patrunjel italian sau busuioc, tocat marunt

ingrediente pentru pansament

6 linguri ulei de masline extravirgin

sare de mare, dupa gust

3 linguri otet de mere

1 lingura. dragă

1 lingurita de maioneza fara ou

Combinați bine toate ingredientele pentru dressing.

Preîncălziți grătarul la foc mic şi ungeți grătarele.

Legumele la grătar timp de 12 minute pe fiecare parte, până se înmoaie o dată.

Ungeți cu ingrediente pentru marinată/dresing

Kale la gratar si salata verde romana

Ingrediente

1 buchet de kale

1 legatura de frunze de salata romana

2 morcovi medii, tăiați pe lungime și în jumătate

4 roșii mari, feliate groase

1/3 cana patrunjel italian sau busuioc, tocat marunt

ingrediente pentru pansament

6 linguri ulei de masline extravirgin

sare de mare, dupa gust

3 linguri de otet balsamic

1 lingurita mustar de Dijon

Combinați bine toate ingredientele pentru dressing.

Preîncălziți grătarul la foc mic și ungeți grătarele.

Legumele la grătar timp de 12 minute pe fiecare parte, până se înmoaie o dată.

Ungeți cu ingrediente pentru marinată/dresing

Sfecla si morcovi la gratar

Ingrediente

5 buc. Sfeclă

1 legatura de frunze de salata romana

2 morcovi medii, tăiați pe lungime și în jumătate

4 roșii mari, feliate groase

1/3 cana patrunjel italian sau busuioc, tocat marunt

Ingrediente pentru dressing:

6 linguri ulei de masline extravirgin

1 lingurita praf de ceapa

sare de mare, dupa gust

3 linguri de otet alb distilat

1 lingurita mustar de Dijon

Combinați bine toate ingredientele pentru dressing.

Preîncălziți grătarul la foc mic și ungeți grătarele.

Legumele la grătar timp de 12 minute pe fiecare parte, până se înmoaie o dată.

Ungeți cu ingrediente pentru marinată/dresing

Morcovi și ceapă la grătar

Ingrediente

8 buc. morcovi pui

1 ceapă roșie mare, tăiată în felii groase de 1/2 inch

1/3 cana patrunjel italian sau busuioc, tocat marunt

ingrediente pentru pansament

6 linguri ulei de masline extravirgin

sare de mare, dupa gust

1 lingurita praf de ceapa

1/2 lingurita Ierburi de Provence

3 linguri de otet alb

1 lingurita mustar de Dijon

Combinați bine toate ingredientele pentru dressing.

Preîncălziți grătarul la foc mic și ungeți grătarele.

Legumele la grătar timp de 12 minute pe fiecare parte, până se înmoaie o dată.

Ungeți cu ingrediente pentru marinată/dresing

Porumb la grătar și buchețele de broccolini

Ingrediente

10 buc. porumb pui

10 buchețe de broccolini

10 buc. varză de Bruxelles

1 ceapă roșie mare, tăiată în felii groase de 1/2 inch

1/3 cana patrunjel italian sau busuioc, tocat marunt

ingrediente pentru pansament

6 linguri ulei de masline

3 stropi de sos iute Tabasco

sare de mare, dupa gust

3 linguri otet de vin alb

1 lingurita de maioneza fara ou

Combinați bine toate ingredientele pentru dressing.

Preîncălziți grătarul la foc mic și ungeți grătarele.

Legumele la grătar timp de 12 minute pe fiecare parte, până se înmoaie o dată.

Ungeți cu ingrediente pentru marinată/dresing

Inimi de anghinare la gratar

Ingrediente

1 cană inimioare de anghinare

1 legatura de frunze de salata romana

2 morcovi medii, tăiați pe lungime și în jumătate

4 roșii mari, feliate groase

1 ceapă roșie mare, tăiată în felii groase de 1/2 inch

1/3 cana patrunjel italian sau busuioc, tocat marunt

ingrediente pentru pansament

6 linguri ulei de masline

1 lingurita praf de usturoi

1 lingurita praf de ceapa

sare de mare, dupa gust

3 linguri otet de vin alb

1 lingurita mustar englezesc

Combinați bine toate ingredientele pentru dressing.

Preîncălziți grătarul la foc mic și ungeți grătarele.

Legumele la grătar timp de 12 minute pe fiecare parte, până se înmoaie o dată.

Ungeți cu ingrediente pentru marinată/dresing

Sfecla la gratar si sparanghel

Ingrediente

5 buc. Sfeclă

10 buc. Sparanghel

1 legatura de frunze de salata romana

2 morcovi medii, tăiați pe lungime și în jumătate

4 roșii mari, feliate groase

1 kilogram de ardei gras verzi, tăiați în fâșii largi

1 ceapă roșie mare, tăiată în felii groase de 1/2 inch

1/3 cana patrunjel italian sau busuioc, tocat marunt

ingrediente pentru pansament

6 linguri ulei de masline extravirgin

sare de mare, dupa gust

3 linguri otet de mere

1 lingura. dragă

1 lingurita de maioneza fara ou

Combinați bine toate ingredientele pentru dressing.

Preîncălziți grătarul la foc mic și ungeți grătarele.

Legumele la grătar timp de 12 minute pe fiecare parte, până se înmoaie o dată.

Ungeți cu ingrediente pentru marinată/dresing

varză la grătar

Ingrediente

1 buchet de kale

1/3 cana patrunjel italian sau busuioc, tocat marunt

ingrediente pentru pansament

6 linguri ulei de masline extravirgin

sare de mare, dupa gust

3 linguri de otet balsamic

1 lingurita mustar de Dijon

Combinați bine toate ingredientele pentru dressing.

Preîncălziți grătarul la foc mic și ungeți grătarele.

Legumele la grătar timp de 12 minute pe fiecare parte, până se înmoaie o dată.

Ungeți cu ingrediente pentru marinată/dresing

anghinare la gratar

Ingrediente

1 buc. Anghinare

1/3 cana patrunjel italian sau busuioc, tocat marunt

Ingrediente pentru dressing:

6 linguri ulei de masline extravirgin

1 lingurita praf de ceapa

sare de mare, dupa gust

3 linguri de otet alb distilat

1 lingurita mustar de Dijon

Combinați bine toate ingredientele pentru dressing.

Preîncălziți grătarul la foc mic și ungeți grătarele.

Legumele la grătar timp de 12 minute pe fiecare parte, până se înmoaie o dată.

Ungeți cu ingrediente pentru marinată/dresing

Bame la grătar și sparanghel

Ingrediente

10 buc. Bame

10 buc. Sparanghel

1 legatura de frunze de salata romana

2 morcovi medii, tăiați pe lungime și în jumătate

4 roșii mari, feliate groase

ingrediente pentru pansament

6 linguri ulei de masline

1 lingurita praf de usturoi

1 lingurita praf de ceapa

sare de mare, dupa gust

3 linguri otet de vin alb

1 lingurita mustar englezesc

Combinați bine toate ingredientele pentru dressing.

Preîncălziți grătarul la foc mic și ungeți grătarele.

Legumele la grătar timp de 12 minute pe fiecare parte, până se înmoaie o dată.

Ungeți cu ingrediente pentru marinată/dresing

Varza la gratar si salata romana

Ingrediente

1 varză medie feliată

1 legatura de frunze de salata romana

2 morcovi medii, tăiați pe lungime și în jumătate

4 roșii mari, feliate groase

1 ceapă roșie mare, tăiată în felii groase de 1/2 inch

1/3 cana patrunjel italian sau busuioc, tocat marunt

ingrediente pentru pansament

6 linguri ulei de masline

3 stropi de sos iute Tabasco

sare de mare, dupa gust

3 linguri otet de vin alb

1 lingurita de maioneza fara ou

Combinați bine toate ingredientele pentru dressing.

Preîncălziți grătarul la foc mic și ungeți grătarele.

Legumele la grătar timp de 12 minute pe fiecare parte, până se înmoaie o dată.

Ungeți cu ingrediente pentru marinată/dresing

Fasole Edamame și ardei la grătar

Ingrediente

20 buc. Fasole de soia

1 kilogram de ardei gras verzi, tăiați în fâșii largi

1 ceapă roșie mare, tăiată în felii groase de 1/2 inch

1/3 cana patrunjel italian sau busuioc, tocat marunt

ingrediente pentru pansament

6 linguri ulei de masline extravirgin

sare de mare, dupa gust

3 linguri de otet balsamic

1 lingurita mustar de Dijon

Combinați bine toate ingredientele pentru dressing.

Preîncălziți grătarul la foc mic și ungeți grătarele.

Legumele la grătar timp de 12 minute pe fiecare parte, până se înmoaie o dată.

Ungeți cu ingrediente pentru marinată/dresing

Morcovi și ardei gras verzi la grătar

Ingrediente

8 buc. morcovi pui

1 kilogram de ardei gras verzi, tăiați în fâșii largi

10 buchețe de broccolini

10 buc. varză de Bruxelles

1 ceapă roșie mare, tăiată în felii groase de 1/2 inch

1/3 cana patrunjel italian sau busuioc, tocat marunt

ingrediente pentru pansament

6 linguri ulei de masline extravirgin

sare de mare, dupa gust

1 lingurita praf de ceapa

1/2 lingurita Ierburi de Provence

3 linguri de otet alb

1 lingurita mustar de Dijon

Combinați bine toate ingredientele pentru dressing.

Preîncălziți grătarul la foc mic și ungeți grătarele.

Legumele la grătar timp de 12 minute pe fiecare parte, până se înmoaie o dată.

Ungeți cu ingrediente pentru marinată/dresing

Inimioare de anghinare si porumb la gratar cu vinegreta de miere

Ingrediente

1 cană inimioare de anghinare

10 buc. porumb pui

1 legatura de frunze de salata romana

2 morcovi medii, tăiați pe lungime și în jumătate

4 roșii mari, feliate groase

1/3 cana patrunjel italian sau busuioc, tocat marunt

ingrediente pentru pansament

6 linguri ulei de masline extravirgin

sare de mare, dupa gust

3 linguri otet de mere

1 lingura. dragă

1 lingurita de maioneza fara ou

Combinați bine toate ingredientele pentru dressing.

Preîncălziți grătarul la foc mic și ungeți grătarele.

Legumele la grătar timp de 12 minute pe fiecare parte, până se înmoaie o dată.

Ungeți cu ingrediente pentru marinată/dresing

Sfecla si morcovi la gratar

Ingrediente

1 buchet de kale

5 buc. Sfeclă

2 morcovi medii, tăiați pe lungime și în jumătate

4 roșii mari, feliate groase

1 ceapă roșie mare, tăiată în felii groase de 1/2 inch

1/3 cana patrunjel italian sau busuioc, tocat marunt

Ingrediente pentru dressing:

6 linguri ulei de masline extravirgin

1 lingurita praf de ceapa

sare de mare, dupa gust

3 linguri de otet alb distilat

1 lingurita mustar de Dijon

Combinați bine toate ingredientele pentru dressing.

Preîncălziți grătarul la foc mic și ungeți grătarele.

Legumele la grătar timp de 12 minute pe fiecare parte, până se înmoaie o dată.

Ungeți cu ingrediente pentru marinată/dresing

Bame și anghinare la grătar

Ingrediente

10 buc. Bame

1 buc. Anghinare

1 ceapă roșie mare, tăiată în felii groase de 1/2 inch

1/3 cana patrunjel italian sau busuioc, tocat marunt

ingrediente pentru pansament

6 linguri ulei de masline

3 stropi de sos iute Tabasco

sare de mare, dupa gust

3 linguri otet de vin alb

1 lingurita de maioneza fara ou

Combinați bine toate ingredientele pentru dressing.

Preîncălziți grătarul la foc mic și ungeți grătarele.

Legumele la grătar timp de 12 minute pe fiecare parte, până se înmoaie o dată.

Ungeți cu ingrediente pentru marinată/dresing

Varză prăjită și ceapă roșie Okra

Ingrediente

1 varză medie feliată

10 buc. Bame

1 ceapă roșie mare, tăiată în felii groase de 1/2 inch

1/3 cana patrunjel italian sau busuioc, tocat marunt

10 buchețe de broccolini

10 buc. varză de Bruxelles

ingrediente pentru pansament

6 linguri ulei de masline

1 lingurita praf de usturoi

1 lingurita praf de ceapa

sare de mare, dupa gust

3 linguri otet de vin alb

1 lingurita mustar englezesc

Combinați bine toate ingredientele pentru dressing.

Preîncălziți grătarul la foc mic și ungeți grătarele.

Legumele la grătar timp de 12 minute pe fiecare parte, până se înmoaie o dată.

Ungeți cu ingrediente pentru marinată/dresing

Fasole Edamame și varză la grătar

Ingrediente

20 buc. Fasole de soia

1 varză medie feliată

1 legatura de frunze de salata romana

2 morcovi medii, tăiați pe lungime și în jumătate

4 roșii mari, feliate groase

1/3 cana patrunjel italian sau busuioc, tocat marunt

ingrediente pentru pansament

6 linguri ulei de masline

3 stropi de sos iute Tabasco

sare de mare, dupa gust

3 linguri otet de vin alb

1 lingurita de maioneza fara ou

Combinați bine toate ingredientele pentru dressing.

Preîncălziți grătarul la foc mic și ungeți grătarele.

Legumele la grătar timp de 12 minute pe fiecare parte, până se înmoaie o dată.

Ungeți cu ingrediente pentru marinată/dresing

Anghinare la gratar, morcovi si varza varza

Ingrediente

1 buc. Anghinare

1 buchet de kale

2 morcovi medii, tăiați pe lungime și în jumătate

4 roșii mari, feliate groase

1 ceapă albă mare, tăiată în felii de 1/2 inch

ingrediente pentru pansament

6 linguri ulei de masline

3 stropi de sos iute Tabasco

sare de mare, dupa gust

3 linguri otet de vin alb

1 lingurita de maioneza fara ou

Combinați bine toate ingredientele pentru dressing.

Preîncălziți grătarul la foc mic și ungeți grătarele.

Legumele la grătar timp de 12 minute pe fiecare parte, până se înmoaie o dată.

Ungeți cu ingrediente pentru marinată/dresing

Sfecla la gratar si inimioare de anghinare

Ingrediente

5 buc. Sfeclă

1 cană inimioare de anghinare

1 legatura de frunze de salata romana

2 morcovi medii, tăiaţi pe lungime şi în jumătate

4 roşii mari, feliate groase

ingrediente pentru pansament

6 linguri ulei de masline

3 stropi de sos iute Tabasco

sare de mare, dupa gust

3 linguri otet de vin alb

1 lingurita de maioneza fara ou

Combinați bine toate ingredientele pentru dressing.

Preîncălziți grătarul la foc mic și ungeți grătarele.

Legumele la grătar timp de 12 minute pe fiecare parte, până se înmoaie o dată.

Ungeți cu ingrediente pentru marinată/dresing

Sparanghel la grătar cu vinaigretă de muştar englezesc

INGREDIENTE

2 lingurite coaja de lamaie rasa fin

2 linguri suc proaspăt de lămâie

1 lingură muştar englezesc

¼ cană ulei de măsline extravirgin, plus mai mult

Sare de mare, piper proaspăt măcinat

2 legături mari de sparanghel gros, tăiate

2 legături de ceapă primăvară, tăiată la jumătate dacă este mare

Preîncălziți grătarul la foc mediu-mare.

Combinați coaja de lămâie, sucul de lămâie, muştarul şi ¼ de cană de ulei într-un castron.

Condimentați cu sare şi piper.

Puneti sparanghelul si arpagicul intr-o tigaie si stropiti cu ulei.

Asezonați cu sare şi piper.

Prăjiți aproximativ 4 minute pe fiecare parte sau până când se înmoaie.

Presărați dressingul peste legumele prăjite.

Buton și ciuperci shitake la grătar

INGREDIENTE

12 oz. ciuperci proaspete

4 uncii. ciuperci shiitake

8 oz. morcovi pui (aproximativ 6), curățați, tăiați în jumătate pe lungime.

4 linguri ulei de canola, împărțit

Sare de mare și piper negru proaspăt măcinat

2 linguri de sos de soia cu sodiu redus

2 linguri otet de orez neasezonat

1 lingura ulei de susan prajit

1 lingurita de ghimbir decojit ras fin

6 cepe primavara, taiate subtiri in diagonala

2 lingurițe de semințe de susan prăjite

Preîncălziți grătarul la foc mediu-mare.

Combinați ciupercile și morcovii cu 3 linguri. ulei de canola într-un castron.

Condimentați cu sare și piper.

Prăjiți ciupercile și morcovii frecvent, până când sunt doar fragezi.

Combinați sosul de soia, oțetul, uleiul de susan, ghimbirul și lingura rămasă. ulei de canola într-un castron.

Tăiați morcovii în bucăți lungi de 2 inci.

Tăiați ciupercile în bucăți mici.

Combinați-le cu vinegreta, ceapa primăvară și semințele de susan.

Condimentați cu sare și piper.

Conopida la gratar cu Chipotle

INGREDIENTE

½ cană ulei de măsline, plus mai mult pentru grătar

1 cap mare de conopidă (aproximativ 2½ kilograme), tăiați tulpinile și frunzele exterioare.

2 conserve de ardei iute chipotle in adobo, tocate marunt, plus 3 linguri de sos adobo

8 catei de usturoi, rasi fin

6 linguri de otet de vin rosu

3 linguri de miere

2 linguri sare kosher

2 linguri boia afumată

1 lingura oregano uscat

rondele de lămâie (pentru a servi)

Pregătiți grătarul la foc mediu-mic și ungeți grătarele.

Tăiați conopida în 4 părți egale.

Adaugă ardei iute, sos de adobo, usturoi, oțet, melasă, sare, boia de ardei, oregano și ½ cană de ulei de măsline rămasă într-un castron mediu pentru a se combina.

Ungeți o parte din fiecare file de conopidă cu acest sos și puneți fileurile, cu partea de sos în jos, pe grătar.

Ungeți a doua față cu sos.

Prăjiți conopida până se înmoaie timp de 7-8 minute.

Stropiți partea gătită cu sos

Prăjiți până când a doua parte se înmoaie, 7 până la 8 minute.

Se da pe foc indirect si se unge cu sosul. C.

Gratar pana se inmoaie. Acest lucru durează aproximativ 20 de minute.

Serviți cu felii de lămâie.

Sparanghel la gratar cu miso

INGREDIENTE

¼ cană plus 2 linguri mirin (vin dulce de orez japonez)

¼ cană miso alb

2 linguri otet de vin alb condimentat

2 lingurițe de ghimbir decojit proaspăt ras

2 legături de sparanghel (aproximativ 2 kg), tăiate

felii de lămâie, ceapă tăiată subțire și semințe de susan prăjite (pentru servire)

sare de mare, dupa gust

Pregătiți-vă grătarul la foc mare.

Combinați mirinul, misoul, oțetul și ghimbirul într-un castron.

Așezați sparanghelul pe o foaie de copt și turnați amestecul de marinată.

Se amestecă pentru a se potrivi.

Sparanghelul la grătar până când este ușor carbonizat și fraged, 4 1/2 minute.

Se stoarce sucul de lamaie verde si se orneaza cu arpagic si seminte de susan.

Porumb la grătar cu chile Poblano

INGREDIENTE

Ulei de masline (pentru gratar)

2 linguri suc proaspăt de lămâie

¾ linguriță de sos iute (ca al lui Frank)

Sare de mare

4 spice de porumb, in coaja

2 ardei iute poblano mici

3 linguri ulei de masline extravirgin

2 arpagic tocat

Preîncălziți grătarul la foc mediu.

Unge grătarul.

Combinați sucul de lămâie și sosul iute într-un castron și asezonați cu sare.

Porumbul la grătar cu coajă și ardei iute.

Întoarceți frecvent, până când coaja de porumb este carbonizată și ardeiul ardei este ușor carbonizat.

Stropiți porumb cu ulei de măsline.

Tăiați boabele.

Sămânță ardeii iute și toacă mărunt.

Combina porumbul cu arpagicul.

Asezonați cu sare de mare.

Broccoli la gratar cu iaurt fara lapte

INGREDIENTE

2 capete mici de broccoli (aproximativ 1 ½ kg)

Sare de mare

½ cană iaurt simplu fără lapte

1 lingura ulei de masline

1 lingură muștar englezesc

1½ linguriță pudră de chili sau boia de ardei Kashmir

1 lingurita chaat masala

1 lingurita chimen macinat

1 lingurita turmeric macinat

Ulei vegetal (pentru gratar)

Tăiați tulpinile din broccoli

Tăiați tulpinile pe lungime în dreptunghiuri groase de ¼ inch.

Rupeți capul broccoli în buchețe mari.

Gătiți într-o oală cu apă clocotită cu sare până când este verde strălucitor și fraged. Aceasta durează 2 minute.

Scurgeți și transferați într-un castron cu apă cu gheață.

Scurgeți și uscați.

Combinați iaurtul fără lapte, uleiul de măsline, muștarul, pudra de chili, chaat masala, chimenul și turmeric într-un castron mare.

Adăugați broccoli și amestecați cu amestecul lichid.

Asezonați cu sare de mare.

Pregătiți-vă grătarul pentru foc mediu-mare.

Prăjiți broccoli până se carbonizează ușor pe pete, 6 minute.

Ciuperci la grătar cu dip de lămâie și migdale

INGREDIENTE

1½ cani de migdale întregi albite

1 lingura suc proaspat de lamaie

4 linguri ulei de măsline extravirgin, împărțit

1 lingura plus 2 lingurite otet de sherry, impartite

Sare de mare

1 kilogram de ciuperci proaspete, tulpinile tăiate și tăiate la jumătate pe lungime

piper negru proaspăt măcinat

Preîncălziți cuptorul la 350°.

Rezervați 6 migdale pentru a decora.

Prăjiți nucile rămase pe o foaie de copt, amestecând frecvent.

Prăjiți până devine auriu și aromat. Acest lucru durează 8-10 minute.

Intr-un blender proceseaza migdalele pana se macina fin.

Adăugați suc de lămâie, 2 linguri. ulei, 1 lingura. oțet și ½ cană de apă.

Se amestecă adăugând mai multă apă până când sosul devine destul de omogen.

Asezonați cu sare.

Pregătiți-vă grătarul pentru foc mediu-mare.

Combinați ciupercile și restul de 2 linguri. ulei într-un bol.

Condimentați cu sare și piper.

Ciupercile la grătar până se înmoaie și se carbonizează. Acest lucru durează aproximativ 5 minute.

Reveniți ciupercile în bol și combinați cu restul de 2 lingurițe. oțet.

Serviți ciupercile cu dip și decorați cu migdale.

Bulbi de fenicul la gratar super usor

INGREDIENTE

4 bulbi medii de fenicul (aproximativ 3 kg în total), feliați pe lungime, cu o grosime de ½ inch

3 linguri ulei de masline extravirgin

Sare de mare

piper proaspăt măcinat

Combinați feniculul cu uleiul.

Asezonați cu sare și piper.

Feniculul la grătar la foc mediu aproximativ 4 minute pe fiecare parte.

Morcovi afumati la gratar cu iaurt vegan

INGREDIENTE

3 kilograme de morcovi, blaturi, spălate, tăiate la 1 inch

2 legături de arpagic, vârfurile tăiate, tăiate la jumătate pe lungime

4 linguri ulei de măsline extravirgin, împărțit

Sare de mare

1 lingurita de seminte de chimen

1 ardei iute serrano, tocat fin si mai feliat pentru servire

1 cană iaurt simplu fără lapte

3 linguri suc proaspăt de lămâie

2 linguri de menta tocata, plus frunze pentru servire

echipament special

O râșniță de condimente sau un mortar

Pregătiți grătarul la foc mediu-mic.

Combinați morcovii și arpagicul pe o tavă de copt cu 2 linguri. ulei de masline

Asezonați cu sare de mare.

Grătiți și acoperiți, întorcându-le frecvent, timp de 15 până la 20 de minute.

Prăjiți chimionul într-o tigaie la foc mediu până când este parfumat.

Lasă-l să se răcească.

Zdrobiți și amestecați într-un bol împreună cu serrano tocat, iaurtul, sucul de lămâie, menta tocată și restul de 2 linguri. Petrol.

Asezonați cu sare de mare.

Ciuperci dovlecei la gratar si conopida

INGREDIENTE

2 dovlecei, feliați

2 dovlecei galbeni, feliati

1 ardei gras rosu taiat cubulete

1 kilogram de ciuperci proaspete, tăiate în jumătate

1 ceapa rosie, taiata in jumatate si feliata

2 căni de buchețele de broccoli

2 cesti buchetele de conopida

ingrediente pentru vinaigretă

stropiți ușor cu ulei de măsline

3 linguri suc proaspăt de lămâie

9 catei de usturoi

1 lingura busuioc proaspat tocat

1/4 cana patrunjel tocat

¼ lingurita oregano

Sare de mare

Piper

Acoperiți cu legumele în 2 bucăți de folie de aluminiu.

Combinați ingredientele pentru vinaigretă, stropiți peste legume.

Acoperiți și sigilați folia de aluminiu

Se prăjește acoperit la foc mediu timp de jumătate de oră.

Întoarceți pachetele de folie o dată în timpul întregului proces de gătire.

Conopida la gratar, broccoli si sparanghel

Ingrediente

Conopidă

Brocoli

Sparanghel

½ cană de ulei de măsline extravirgin

1/2 lingurita condimente italiene

Sare de mare si piper dupa gust

1/2 lămâie proaspătă

Spălați, scurgeți și tăiați legumele.

Pentru amestecul de marinată:

Ulei de măsline (1/8 cană)

Ulei de măsline din plante toscane (1/8 cană)

condimente italiene (1/2 lingurita)

Sare de mare si piper dupa gust.

Marinați conopida și buchețelele de broccoli cu ingredientele pentru marinată timp de 45 de minute într-o pungă cu fermoar la temperatura camerei.

Stropiți uleiul de măsline peste sparanghel.

Asezonați cu 3/4 linguriță. piper si putina sare de mare dupa gust

Încinge grătarul la foc mediu.

Prăjiți până când legumele sunt crocante și fragede.

Stoarceți sucul de lămâie peste legume.

Morcovi la grătar cu glazură de miere și ghimbir

Ingrediente

ingrediente pentru vinaigretă

1/4 cană miere

1/4 cană sos de soia

2 lingurițe de usturoi proaspăt tocat, aproximativ 1 cățel mediu

1/2 lingurita de ghimbir proaspat ras fin

1/4 lingurita fulgi de ardei rosu macinati

Pentru morcovi:

3 morcovi mari, decojiți și tăiați pe bias în felii de 3/4 inch

3 linguri ulei de masline extravirgin

1 arpagic, feliat subțire

Sare de mare

Combinați ingredientele pentru vinaigretă.

Combinați feliile de morcov cu uleiul într-un castron.

Asezonați cu sare de mare.

Preîncălziți grătarul și aranjați morcovi pe partea laterală a grătarului pentru a găti ușor la căldură indirectă 45 min.

Asigurați-vă că întoarceți morcovii la fiecare 15 minute.

Ungeti cu vinegreta si gatiti pe gratar.

Gatiti inca 3 minute si transferati intr-un bol.

Se stropesc cu vinegreta si se orneaza cu ceapa primavara.

Vinete spiralate la gratar cu rosii

Ingrediente

ingrediente de umplutură

1 1/2 cani de iaurt fara lapte

1/2 cană de brânză vegană fin

1 lingură suc proaspăt de 1 lămâie

2 linguriţe de oregano proaspăt tocat mărunt

1 lingurita de menta proaspata tocata marunt

1 lingurita marar proaspat tocat marunt

1 lingurita de usturoi tocat (aproximativ 1 catel mediu)

Sare de mare şi piper negru proaspăt măcinat

Pentru rulourile de vinete:

2 vinete mari, cu capetele tăiate şi tăiate pe lungime în felii de 1/4 inch

1/3 cană ulei de măsline extravirgin

3 roşii rome, fără tulpină, fără miez şi tăiate în cuburi de 1/4 inch

1 castravete englezesc, însămânţat şi tăiat cubuleţe de 1/4 inch

Sare de mare şi piper negru proaspăt măcinat

Preîncălziţi grătarul la foc mediu-mare.

Combinați ingredientele de umplutură

Stropiți vinetele cu ulei de măsline, sare și piper.

Prăjiți vinetele la foc mediu timp de 2 ½ min. fiecare parte.

Lasam sa se raceasca 4 min.

Întindeți ingredientele de umplutură peste fiecare vinete și acoperiți cu roșii și castraveți.

Rulați vinetele în spirale.

Frigarui de dovlecei la gratar

ingrediente pentru vinaigretă

1/4 cană ulei de măsline extravirgin

2 linguri de suc proaspăt de lămâie de la 1 lămâie, plus 1 lămâie suplimentară, tăiate felii pentru servire

2 linguri de otet de vin alb

4 lingurițe de usturoi proaspăt tocat (aproximativ 2 căței medii)

2 lingurite de oregano uscat

1 lingurita frunze de menta proaspata tocate marunt

Sare de mare și piper negru proaspăt măcinat

Ingrediente principale

1 kilogram de brânză vegană, tăiată în cuburi de 3/4 inci

2 dovlecei medii, tăiați în felii de 1/2 inch

2 cepe roșii medii, curățate și tăiate în bucăți de 3/4 inci

1 litru de roșii struguri

Frigarui de lemn, inmuiate in apa cel putin 30 de minute inainte de utilizare.

Tzatziki, de servit (opțional)

Pita, încălzită, pentru servire (opțional)

Combinați ingredientele pentru vinaigretă.

Pierceți brânză, dovlecel, ceapă și roșii.

Preîncălziți grătarul la foc mediu.

Prăjiți până când brânza se topește și dovleceii 4 minute sau până când se înmoaie.

Stoarceți sucul de lămâie și serviți cu vinegreta, tzatziki și pâine pita.

Frigarui de ardei Shishito cu reteta de glazura Teriyaki

Ingrediente

1 kilogram de ardei shishito

Sare de mare

piper negru proaspăt măcinat

1/4 cană sos teriyaki

Frigarui ardeii pe seturi de 2 frigarui, pastrand fiecare la 1 inch distanta pentru a rasturna mai usor.

Preîncălziți grătarul la foc mediu-mare.

Prăjiți fiecare ardei până când se carbonizează pe o parte, aproximativ 2 minute.

Întoarceți ardeii și puneți la grătar pe cealaltă parte, încă aproximativ 2 minute.

Condimentați cu sare și piper.

Ungeți cu sos teriyaki.

Radicchio la grătar cu brânză vegană

Ingrediente

2 capete întregi de radicchio, împărțite în jumătate prin miez

Sare de mare și piper negru proaspăt măcinat

1/3 cană brânză vegană mărunțită pe bază de tofu

Ulei de măsline extravirgin, pentru stropire

Saba sau sirop balsamic, pentru stropire (vezi nota)

Preîncălziți grătarul la foc mediu mare.

Puneți radicchio tăiat cu susul în jos pe suport.

Prăjiți până se carbonizează ușor pe o parte, aproximativ 2 minute.

Întoarceți și condimentați blatul cu sare și piper.

Prăjiți cealaltă parte până se carbonizează, încă aproximativ 2 minute.

Gatiti la foc indirect pana se inmoaie complet, inca 1 minut.

Stropiți cu brânză vegană

Stropiți cu ulei de măsline și sirop.

Bol cu fasole cu roșii avocado

Ingrediente

1/2 cană fasole neagră înăbușită, încălzită

1 lingurita ulei de masline extravirgin

1/2 cană roșii roma

1/4 cană boabe de porumb proaspete (de la 1 spic)

1/2 avocado mediu copt, feliat subțire

1 ridiche medie, feliată foarte subțire

2 linguri frunze proaspete de coriandru

1/4 lingurita sare de mare

1/8 lingurita piper negru

Încinge tigaia la foc mediu mare.

Adăugați ulei în tigaie.

Adăugați roșiile în ulei și gătiți până se înmoaie, dar se carbonizează, aproximativ 3 minute.

Pune roșiile lângă fasole într-un castron mare.

Gatiti porumbul si gatiti 2 ½ min.

Asezati porumbul langa rosii.

Adăugați avocado, ridiche și coriandru.

Condimentați cu sare și piper.

Boluri cu quinoa cu fasole neagră

Ingrediente

2 lingurițe ulei de măsline extravirgin, împărțit

1 lingurita de otet de vin alb

1/4 linguriță sare de mare, împărțită

1 cană quinoa fierbinte

1 cană roșii struguri, tăiate la jumătate

1/2 cană fasole neagră nesărată, clătită, scursă și încălzită

2 linguri de coriandru tocat, plus mai mult pentru ornat

1/2 avocado copt, feliat

Combinați 1 1/2 linguriță de ulei, oțet și un praf de sare de mare.

Se amestecă bine quinoa, roșiile, fasolea, coriandru și 1/8 linguriță de sare.

Împărțiți acest amestec în 2 boluri.

Încinge o tigaie la foc mediu.

Adăugați 1/2 linguriță de ulei rămasă.

Spargeți ouăle, pe rând, în tigaie.

Acoperiți și gătiți până când albușurile sunt întărite și gălbenușul este încă curgător, aproximativ 2-3 minute.

Turnați uniform pansamentul peste amestecul de quinoa.

Se ornează cu ouă și avocado.

Se condimentează cu praful rămas de sare de mare.

Se ornează cu coriandru.

Varza de Bruxelles cu sos de soia

Ingrediente

2 linguri ulei de susan, împărțit

4 uncii de tempeh, feliate subțire

4 lingurite l sos de soia

2 lingurite otet de sherry

1/8 linguriță sare de mare

2 linguri coriandru proaspăt tocat, împărțit

1 1/2 cani de varza de Bruxelles feliate foarte subtire

Ardei jalapeno feliați subțiri

2 linguri arahide nesarate tocate, prajite

2 felii de lime

Încinge o tigaie la foc mediu-înalt.

Încălziți 1 lingură de ulei în tigaie.

Adăugați tempeh și gătiți până devine foarte crocant și auriu, durează aproximativ 2 minute pe fiecare parte.

Transferați pe o farfurie.

Combinați sosul de soia, oțetul, sarea, 1 lingură de coriandru și uleiul de susan rămas într-un castron.

Se adaugă varza de Bruxelles și se amestecă.

Împărțiți între 2 boluri.

Presărați felii de jalapeno și alune și acoperiți cu felii de tempeh.

Turnați sosul rămas și acoperiți cu coriandru rămas.

Serviți cu felii de lime.

Taitei Teriyaki vegani

Ingrediente

¼ cană sos de soia

1 lingura miere (nectar de cocos sau nuca de cocos/zahar brun, adauga mai mult sau mai putin dupa gust)

1 lingurita otet de orez

½ lingurita ulei de susan

praf de piper negru (puteți folosi ardei roșu zdrobit sau sriracha dacă vă place mai picant)

8 până la 9 oz tăiței ramen

2 căni de varză Napa mărunțită sau alte legume cu frunze verzi, cum ar fi baby bok choy, spanac sau varză

3 morcovi, tăiați în juliană

1 ardei gras verde intreg, tulpina si semintele aruncate si feliate subtiri (orice culoare)

4-5 ciuperci, feliate (baby bella, shiitake, buton etc.)

3 catei de usturoi, tocati

1 cană de mazăre de zăpadă

3-4 cepe verzi, tăiate în bucăți de 2 inci

Puneți tăițeii într-o oală cu apă clocotită și gătiți până când tăițeii încep să se descompună.

Se ia de pe foc, se scurge si se clateste cu apa rece.

Pentru a face sos:

Combinați sosul de soia, mierea, oțetul de orez, uleiul de susan și piperul.

Încinge uleiul la foc mediu-mare.

Adăugați varza, morcovii, ardeiul gras, ciupercile și usturoiul.

Se calesc legumele timp de 2 1/2 minute pana se inmoaie.

Adaugati mazarea si ceapa verde si mai caliti inca un minut.

Adăugați tăiețeii și jumătate din sos.

Se caleste la foc iute timp de 1 ½ minut pana cand sosul se ingroasa si imbraca taiteii.

Adăugați sosul rămas.

Spaghete carbonara vegane

Ingrediente

Sos de caju:

1 cană caju (înmuiate peste noapte)

3/4 cană bulion de legume

2 linguri drojdie nutritiva

3 catei de usturoi, tocati

1 ceapa rosie tocata

Sare de mare

Piper

Carbonara:

250 g paste spaghete din grau integral

300 g ciuperci albe cu ceașcă închisă (făiați felii)

1 cana mazare (proaspata sau congelata)

1 ceapa rosie mica (tocata)

3 catei de usturoi (tocati)

1-2 linguri de ulei de măsline extravirgin

patrunjel proaspat

Sare de mare

Piper negru

Pentru a face branza de caju

Spălați caju și procesați în blender cu restul ingredientelor.

Se amestecă până la omogenizare.

Pentru a face spaghete carbonara

Gătiți pastele conform instrucțiunilor de pe ambalaj.

Stropiți cu ulei de măsline.

Încinge uleiul de măsline într-o tigaie la foc mediu.

Adăugați usturoiul și prăjiți timp de 1 minut.

Adaugati ceapa si ciupercile si caliti pana se rumenesc (aproximativ 5 minute).

Adăugați mazărea și gătiți în continuare timp de 3 minute.

Adăugați ¼ de cană de brânză de caju.

Se ornează cu pătrunjel proaspăt.

Salată cu tăiței de orez

Ingrediente

Dip

3 linguri de sos de soia

1 lingura otet de vin de orez

1 lingura miere

1 lingurita suc de lamaie

Salată

100 g taitei de orez

1 morcov

1 dovlecel

1/4 varză mov feliată subțire

1 ardei gras verde taiat marunt

1 ardei gras galben feliat fin

1 legătură de coriandru proaspăt tocat grosier

1 mână mică de caju tocate

1 lingurita de seminte de susan

1/2 chili roșu

Combinați toate ingredientele pentru sos.

Înmuiați tăițeii conform instrucțiunilor de pe ambalaj.

Se amestecă cu morcovii și dovleceii.

Adăugați toate legumele rămase tăiate mărunt.

Se amestecă cu sosul și se ornează cu coriandru, caju, semințe de susan și chili.

Spaghete Bolognese Vegane

Ingrediente

200 de grame (7 oz) de spaghete

1 dovlecel mediu, spiralat

1 ceapă roșie medie, tăiată cubulețe

6 catei de usturoi, tocati

2 cesti (480 ml) sos de rosii

2 căni (340 de grame) de linte fiartă

1 ½ linguriță boia spaniolă

2 lingurite de oregano

2 lingurițe de oțet de vin roșu

½ linguriță sare de mare

putin piper macinat

Gatiti pastele conform instructiunilor de pe ambalaj.

Încinge o tigaie la foc mediu-înalt.

Se adauga ceapa, usturoiul si putina apa.

Se prajesc pana se inmoaie si se adauga restul ingredientelor.

Gatiti pana cand lintea este fierbinte.

Amestecă pastele împreună cu dovlecelul.

Se toarnă sosul bolognez de linte.

Roșii umplute pesto

Ingrediente

Crema pesto

2 buchete mari de busuioc (aproximativ 2 cesti de frunze impachetate)

1/4 cană ulei de măsline extravirgin

1/4 cană caju crude, înmuiate

1 catel de usturoi

1 lingurita drojdie nutritiva

Sare de mare si piper dupa gust

umplutură de quinoa

1 lingura ulei de masline extravirgin

1 ceapă roșie medie, tăiată cubulețe

10 oz spanac proaspăt

3 catei de usturoi

1/2 lingurita condimente italiene

3 căni de quinoa fiartă

6 linguri pesto vegan

Sare de mare

piper negru după gust

rosii -

6 roșii mari (fără semințe și inimioare)

2 linguri ulei de masline extravirgin

Sare de mare si piper dupa gust

busuioc proaspăt

Preîncălziți cuptorul la 400 de grade F.

Combinați toate ingredientele pesto într-un blender și amestecați până la omogenizare.

Într-o tigaie, prăjiți ceapa în ulei de măsline timp de 7 minute sau până când este transparentă.

Adăugați spanacul și cățeii de usturoi și gătiți încă 2 minute.

Adăugați quinoa fiartă, sos pesto, condimente italiene, sare și piper.

Tăiați vârful fiecărei roșii. Scoateți toate semințele.

Stropiți ulei de măsline pe o foaie de copt și întindeți-o.

Aranjați roșiile pe tava de copt și stropiți cu o lingură de ulei peste blatul roșiilor.

Asezonați cu sare și piper.

Serviți umplutura de pesto de quinoa pe fiecare dintre roșii și înlocuiți blaturile.

Se prăjește timp de 30 de minute.

Se ornează cu busuioc.

Salată de anghinare cu varză mov și varză Napa

Ingrediente:
1/2 varză roșie medie, feliată subțire

1 cană de anghinare conservată

1/2 varză Napa medie, feliată subțire

Bandaj
¼ cană ulei de măsline extravirgin

2 stropi de otet de vin alb

Sare grunjoasă și piper negru

Teme pentru acasă
Combinați toate ingredientele pentru dressing.

Se amestecă cu restul ingredientelor și se amestecă bine.

Salata de tomate cu spanac si nasturel

Ingrediente:

10 tomate, tăiate în jumătate pe lungime, fără semințe și feliate subțiri

1 buchet de spanac, clătit și scurs

1 buchet de nasturel, clatit si scurs

Bandaj

¼ cană ulei de măsline extravirgin

2 stropi de otet de vin alb

Sare grunjoasă și piper negru

Teme pentru acasă

Combinați toate ingredientele pentru dressing.

Se amestecă cu restul ingredientelor și se amestecă bine.

Salată de varză, ananas și castraveți

Ingrediente:

1 buchet de kale, clătită și scursă

1 cană bucăți de ananas conservate

1 castravete mare, tăiat în jumătate pe lungime și feliat subțire

Bandaj

¼ cană ulei de măsline extravirgin

2 linguri. oțet de mere

Sare grunjoasă și piper negru

Teme pentru acasă

Combinați toate ingredientele pentru dressing.

Se amestecă cu restul ingredientelor și se amestecă bine.

Salată de varză, ananas și piersici

Ingrediente:
1 buchet de kale, clătită și scursă
1 cană bucăți de ananas conservate
1 cană piersici tăiate cuburi

Bandaj
¼ cană ulei de măsline extravirgin
2 stropi de otet de vin alb
Sare grunjoasă și piper negru

Teme pentru acasă
Combinați toate ingredientele pentru dressing.

Se amestecă cu restul ingredientelor și se amestecă bine.

Napa Varza Nasturel si Salata de Morcovi

Ingrediente:

1/2 varză Napa medie, feliată subțire

5 morcovi pui

1 buchet de nasturel, clatit si scurs

Bandaj

¼ cană ulei de măsline extravirgin

2 stropi de otet de vin alb

Sare grunjoasă și piper negru

Teme pentru acasă

Combinați toate ingredientele pentru dressing.

Se amestecă cu restul ingredientelor și se amestecă bine.

Salată de varză Napa și ciuperci Enoki

Ingrediente:
15 ciuperci Enoki, bine clătite și feliate subțiri

1/2 varză Napa medie, feliată subțire

5 morcovi pui

1 buchet de nasturel, clatit si scurs

Bandaj
¼ cană ulei de măsline extravirgin

2 stropi de otet de vin alb

Sare grunjoasă și piper negru

Teme pentru acasă
Combinați toate ingredientele pentru dressing.

Se amestecă cu restul ingredientelor și se amestecă bine.

Salată de morcovi și nasturel de varză Napa

Ingrediente:
1/2 varză Napa medie, feliată subțire

5 morcovi pui

1 buchet de nasturel, clatit si scurs

1/4 ceapa alba, curatata de coaja, taiata in jumatate pe lungime si taiata felii subtiri

1 castravete mare, tăiat în jumătate pe lungime și feliat subțire

Bandaj
¼ cană ulei de măsline extravirgin

2 stropi de otet de vin alb

Sare grunjoasă și piper negru

Teme pentru acasă
Combinați toate ingredientele pentru dressing.

Se amestecă cu restul ingredientelor și se amestecă bine.

Salată de anghinare, varză și ceapă Napa

Ingrediente:
1 cană de anghinare conservată

1/2 varză Napa medie, feliată subțire

1/4 ceapa alba, curatata de coaja, taiata in jumatate pe lungime si taiata felii subtiri

1 dovlecel mare, tăiat în jumătate pe lungime, feliat subțire și albit

Bandaj
¼ cană ulei de măsline extravirgin

2 linguri. oțet de mere

Sare grunjoasă și piper negru

Teme pentru acasă
Combinați toate ingredientele pentru dressing.

Se amestecă cu restul ingredientelor și se amestecă bine.

Salată de anghinare și roșii prune și varză Napa

Ingrediente:
5 roșii prune medii, tăiate în jumătate pe lungime, fără semințe și feliate subțiri
1 cană de anghinare conservată
1/2 varză Napa medie, feliată subțire

Bandaj
¼ cană ulei de măsline extravirgin
2 stropi de otet de vin alb
Sare grunjoasă și piper negru

Teme pentru acasă
Combinați toate ingredientele pentru dressing.

Se amestecă cu restul ingredientelor și se amestecă bine.

Salată de murături, struguri și porumb

Ingrediente:
1/2 cană de cornişi

10 buc. struguri roşii

1/2 cană de porumb conservat

1 castravete mare, tăiat în jumătate pe lungime şi feliat subţire

Bandaj
¼ cană ulei de măsline extravirgin

2 stropi de otet de vin alb

Sare grunjoasă şi piper negru

Teme pentru acasă
Combinaţi toate ingredientele pentru dressing.

Se amestecă cu restul ingredientelor şi se amestecă bine.

Salata de cireșe și spanac Tomatillos

Ingrediente:
10 tomate, tăiate în jumătate pe lungime, fără semințe și feliate subțiri
1/4 cană cireșe
1 buchet de spanac, clătit și scurs
12 buc. struguri negri

Bandaj
¼ cană ulei de măsline extravirgin
2 linguri. oțet de mere
Sare grunjoasă și piper negru

Teme pentru acasă
Combinați toate ingredientele pentru dressing.

Se amestecă cu restul ingredientelor și se amestecă bine.

Salata de mere, varza rosie si cirese

Ingrediente:
1 cană de mere Fuji tăiate cubulețe

1/2 varză roșie medie, feliată subțire

1/4 cană cireșe

1/4 ceapa alba, curatata de coaja, taiata in jumatate pe lungime si taiata felii subtiri

1 castravete mare, tăiat în jumătate pe lungime și feliat subțire

Bandaj
¼ cană ulei de măsline extravirgin

2 stropi de otet de vin alb

Sare grunjoasă și piper negru

Teme pentru acasă
Combinați toate ingredientele pentru dressing.

Se amestecă cu restul ingredientelor și se amestecă bine.

Salată de roșii prune, mere și varză roșie

Ingrediente:

5 roșii prune medii, tăiate în jumătate pe lungime, fără semințe și feliate subțiri

1 cană de mere Fuji tăiate cubulețe

1/2 varză roșie medie, feliată subțire

1/4 cană cireșe

Bandaj

¼ cană ulei de măsline extravirgin

2 stropi de otet de vin alb

Sare grunjoasă și piper negru

Teme pentru acasă

Combinați toate ingredientele pentru dressing.

Se amestecă cu restul ingredientelor și se amestecă bine.

Salată de ananas, mango, roșii prune, kale

Ingrediente:
5 roșii prune medii, tăiate în jumătate pe lungime, fără semințe și feliate subțiri

1 buchet de kale, clătită și scursă

1 cană bucăți de ananas conservate

1 cană mango tăiat cubulețe

Bandaj
¼ cană ulei de măsline extravirgin

2 stropi de otet de vin alb

Sare grunjoasă și piper negru

Teme pentru acasă
Combinați toate ingredientele pentru dressing.

Se amestecă cu restul ingredientelor și se amestecă bine.

Salată de varză, ananas, mango și castraveți

Ingrediente:

1 buchet de kale, clătită și scursă

1 cană bucăți de ananas conservate

1 cană mango tăiat cubulețe

1 castravete mare, tăiat în jumătate pe lungime și feliat subțire

Bandaj

¼ cană ulei de măsline extravirgin

2 stropi de otet de vin alb

Sare grunjoasă și piper negru

Teme pentru acasă

Combinați toate ingredientele pentru dressing.

Se amestecă cu restul ingredientelor și se amestecă bine.

Salata de tomate, mango si mere

Ingrediente:

10 tomate, tăiate în jumătate pe lungime, fără semințe și feliate subțiri

1 cană mango tăiat cubulețe

1 cană de mere Fuji tăiate cubulețe

1/2 varză roșie medie, feliată subțire

Bandaj

¼ cană ulei de măsline extravirgin

2 linguri. oțet de mere

Sare grunjoasă și piper negru

Teme pentru acasă

Combinați toate ingredientele pentru dressing.

Se amestecă cu restul ingredientelor și se amestecă bine.

Salată verde și roșii cu glazură balsamică

Ingrediente:
1 cap de salata romana, tocata
4 roșii întregi coapte, tăiate în 6 felii fiecare, apoi fiecare felie tăiată în jumătate
1 castravete mediu întreg, decojit, tăiat în sferturi pe lungime și tăiat cubulețe mari
brânză vegană, pentru a decora

Bandaj
1/4 cana otet balsamic
2 lingurite de zahar brun
1 lingurita praf de usturoi
1/2 lingurita sare
1/2 lingurita piper negru proaspat macinat
3/4 cană ulei de măsline

Teme pentru acasă
Combinați toate ingredientele pentru dressing într-un robot de bucătărie.

Se amestecă cu restul ingredientelor și se amestecă bine.

Salată cu miere, broccoli și ceapă

Ingrediente:
1 cap de buchețe și tulpini de broccoli, albite și tăiate în bucăți mici.
1/2 cană ceapă albă tocată
1/2 cană stafide, opțional
8 uncii de brânză vegană, tăiată în bucăți foarte mici
1 cană maioneză fără ou
2 linguri de otet de vin rosu
1/4 cană miere
1/2 cană roșii cherry, tăiate la jumătate
Sare
piper negru proaspăt măcinat

Teme pentru acasă
Se amestecă toate ingredientele și se combină bine.

Salata Romana cu Glazura Balsamic

Ingrediente:

3 cani de salata romana tocata

Bandaj

½ linguriță de usturoi pudră

1 lingurita mustar de Dijon

1 lingura otet balsamic

sos de soia mic

Sare și piper negru proaspăt măcinat

3 linguri ulei de masline

Teme pentru acasă

Combinați toate ingredientele pentru dressing într-un robot de bucătărie.

Se amestecă cu restul ingredientelor și se amestecă bine.

Adăugați mai multă sare dacă este necesar

Salată de bază cu guacamole

Ingrediente:

1 galță de roșii cherry, tăiate la jumătate
1 ardei gras verde, fără sămânță și tăiat în cuburi de 1/2 inch
1 conserve (15 uncii) de fasole cannellini, clătite și scurse
1/2 cană ceapă roșie mică tăiată cubulețe
2 linguri de ardei jalapeno tocați, fără semințe (2 ardei)
1/2 lingurita coaja de lamaie proaspat rasa
2 avocado coapte, fără sâmburi, decojite și tăiate în cuburi de 1/2 inch

Bandaj

1/4 cană suc de lămâie proaspăt stors
1/4 cană de ulei de măsline bun
1 lingurita sare kosher
1/2 lingurita piper negru proaspat macinat
¼ linguriță de usturoi pudră
1/4 lingurita de piper cayenne macinat

Teme pentru acasă

Combinați toate ingredientele pentru dressing.
 Se amestecă cu restul ingredientelor și se amestecă bine.

Salata de castraveti rosii cherry

Ingrediente:

5 roșii cherry medii, tăiate în jumătate pe lungime, fără semințe și felii subțiri

1/4 ceapa rosie, curatata de coaja, taiata in jumatate pe lungime si taiata felii subtiri

1 castravete, tăiat în jumătate pe lungime și feliat subțire

Bandaj

Un strop generos de ulei de susan, aproximativ 2 linguri

2 stropi de oțet de vin de orez

Sare grunjoasă și piper negru

Teme pentru acasă

Combinați toate ingredientele pentru dressing.

Se amestecă cu restul ingredientelor și se amestecă bine.

Salata de broccoli si rosii cherry

Ingrediente:

1 cap de buchețe și tulpini de broccoli, albite și tăiate în bucăți mici.

1/2 cană ceapă albă tocată

1/2 cană stafide, opțional

8 uncii felii de brânză vegană, tăiate în fâșii subțiri

1/2 cană roșii cherry tăiate în jumătate

Bandaj

1 cană maioneză

2 linguri de otet de vin alb

1/4 cană de zahăr

Sare și piper negru proaspăt măcinat

Teme pentru acasă

Combinați toate ingredientele pentru dressing.

Se amestecă cu restul ingredientelor și se amestecă bine.

Salată cu ardei roșu și fasole neagră

Ingrediente:

1 conserve, 14 uncii, fasole neagră, clătită și scursă
2 cesti boabe de porumb congelate, decongelate
1 ardei gras rosu mic, fara samburi si tocat
½ ceapa rosie tocata
1 ½ linguriță de chimion măcinat, o jumătate de palmă plină
2 lingurițe de sos iute, doar urmăriți cantitatea (recomandat: Tabasco)
suc de 1 lime
2 linguri ulei vegetal sau de măsline
Sare si piper

Teme pentru acasă

Se amestecă toate ingredientele și se combină bine.

Salată de fasole și porumb

Ingrediente:

2 conserve de fasole, scursă, aproximativ 30 uncii

1 conserve (15 uncii) de porumb, scurs

2 roșii rom, tăiate cubulețe

1/4 cană ardei gras verde tăiat cubulețe

1/4 cana ceapa rosie tocata

1/4 cana ceapa verde tocata

1/4 cană ananas tăiat cubulețe

1 lingura frunze de coriandru tocate

1 jalapeño, fără semințe și tocat

4 linguri de otet de vin alb

Suc de ¼ de lămâie

3 linguri de miere

1 lingura de sare

1 lingurita piper negru

1 praf de chimen macinat

Teme pentru acasă

Combinați toate ingredientele pentru dressing.

Se amestecă toate ingredientele și se combină bine.

salata de porumb

Ingrediente:

5 spice de porumb, decojite

1/2 cană frunze de busuioc proaspăt tăiate juliană

1/2 cană ceapă roșie, tăiată cubulețe mici (1 ceapă mică)

Bandaj

3 linguri de otet de vin rosu

3 linguri ulei de masline extravirgin

1/2 linguriță sare kosher

1/2 lingurita piper negru proaspat macinat

Teme pentru acasă

Aduceți suficientă apă sărată la fierbere pentru a acoperi porumbul.

Gatiti porumb 3 min. sau până când își pierde amidonul.

Scurgeți și înmuiați în apă cu gheață.

Tăiați cosurile înșelătoriei.

Se amestecă cu restul ingredientelor și se amestecă bine.

Roșii prăjite minimaliste

Ingrediente:

30 de roșii coapte, tăiate la jumătate în cruce.

¾ cană ulei de măsline extravirgin

3 linguri condimente italiene

2 linguri. Sare de mare

¼ cană zahăr brun

Teme pentru acasă

Preîncălziți cuptorul la 170 de grade F.

Pune roșiile într-o tavă de copt cu partea tăiată în sus.

Stropiți cu 2/3 cană ulei de măsline extravirgin, zahăr, condimente italiene și sare.

bucătar

Se coace timp de 10 ore.

Stropiți cu uleiul de măsline rămas la servire.

Nota bucătarului:

Fă asta peste noapte.

Puteți folosi roșii prăjite pentru a aroma aproape orice salată la care vă puteți gândi.

Salată de fructe de pădure, portocale și ghimbir

Ingrediente:
1 lingura. ghimbir tocat

Suc din 2 portocale

2 lingurite miere

½ cană căpșuni

½ cană de afine

2 pere asiatice mari, decojite și tăiate cubulețe

Teme pentru acasă

Amestecați ghimbirul și mierea cu sucul de portocale.

Se amestecă fructele cu acest amestec.

Se lasa sa se raceasca 2 ore.

Salată minimalistă de piersici și mango

Ingrediente:

1 lingura. ghimbir tocat

Suc din 2 portocale

2 lingurite sirop de artar

½ cană de piersici, fără sâmburi și tăiate felii

2 mango mari, curatati de coaja si taiati cubulete

Teme pentru acasă

Amestecați ghimbirul și siropul de arțar cu sucul de portocale.

Se amestecă fructele cu acest amestec.

Se lasa sa se raceasca 2 ore.

Salată de dovlecel la grătar

Ingrediente:
30 uncii de dovlecel (aproximativ 12 uncii în total), tăiați pe lungime în dreptunghiuri de 1/2 inch grosime

¼ cană ulei de măsline extravirgin

Bandaj
2 linguri. ulei de măsline extra virgin

Sare de mare

3 linguri de vin alb distilat

1 lingura. condimente italienesti

Teme pentru acasă
Preîncălziți grătarul la foc mediu mare.

Ungeți dovleceii cu ¼ de cană de ulei de măsline.

Se presara cu sare si piper si se grata 4 min. pe fiecare parte.

Întoarceți o singură dată, astfel încât să puteți lăsa urme de grătar pe dovlecel.

Combinați toate ingredientele pentru dressing.

Pulverizati dovlecel.

Salată de vinete la grătar în ulei de nucă de macadamia

Ingrediente:
30 uncii de vinete (aproximativ 12 uncii în total), tăiate pe lungime în dreptunghiuri de 1/2 inch grosime

¼ cană ulei de nucă de macadamia

Bandaj
2 linguri. ulei de nuci de macadamia

Condimente pentru fripturi, McCormick

3 linguri sherry uscat

1 lingura. cimbru uscat

Teme pentru acasă
Preîncălziți grătarul la foc mediu mare.

Ungeți legumele cu ¼ de cană de ulei.

bucătar

Se presara cu sare si piper si se grata 4 min. pe fiecare parte.

Întoarceți o singură dată, astfel încât să puteți lăsa urme de grătar pe legume.

Combinați toate ingredientele pentru dressing.

Pulverizați peste legume.

Salata de dovlecei si vinete la gratar

Ingrediente:

12 uncii de vinete (aproximativ 12 uncii în total), tăiate pe lungime în dreptunghiuri de 1/2 inch grosime

1 buc Dovlecel, feliat pe lungime și tăiat în jumătate

6 buc. Sparanghel

4 roșii mari, feliate groase

5 buchețe de conopidă

¼ cană ulei de măsline extravirgin

ingrediente pentru pansament

4 linguri ulei de masline

Condimente pentru fripturi, McCormick

2 linguri. oțet alb

1 lingura. cimbru uscat

1/2 lingurita sare de mare

Teme pentru acasă

Preîncălziți grătarul la foc mediu mare.

Ungeți legumele cu ¼ de cană de ulei.

Se presara cu sare si piper si se grata 4 min. pe fiecare parte.

Întoarceți o singură dată, astfel încât să puteți lăsa urme de grătar pe legume.

Combinați toate ingredientele pentru dressing.

Pulverizați peste legume.

Salată de dovlecel și sparanghel la grătar

Ingrediente:

¼ cană ulei de nucă de macadamia
1 buc Dovlecel, feliat pe lungime și tăiat în jumătate
6 buc. Sparanghel
10 buchețe de conopidă
5 buc. varză de Bruxelles

ingrediente pentru pansament
6 linguri ulei de masline
3 stropi de sos iute Tabasco
sare de mare, dupa gust
3 linguri otet de vin alb
1 lingurita de maioneza fara ou

Teme pentru acasă

Preîncălziți grătarul la foc mediu mare.

Ungeți legumele cu ¼ de cană de ulei.

Se presara cu sare si piper si se grata 4 min. pe fiecare parte.

Întoarceți o singură dată, astfel încât să puteți lăsa urme de grătar pe legume.

Combinați toate ingredientele pentru dressing.

Pulverizați peste legume.

Salată de prune, roșii, castraveți

Ingrediente:

5 roșii prune medii, tăiate în jumătate pe lungime, fără semințe și feliate subțiri

1 castravete Kirby, tăiat în jumătate pe lungime și feliat subțire

ingrediente pentru pansament

Un strop generos de ulei de măsline extravirgin, aproximativ 2 linguri.

3 stropi de otet de vin alb

sare de mare, dupa gust

Teme pentru acasă

Preîncălziți grătarul la foc mediu mare.

Ungeți legumele cu ¼ de cană de ulei.

Se presara cu sare si piper si se grata 4 min. pe fiecare parte.

Întoarceți o singură dată, astfel încât să puteți lăsa urme de grătar pe legume.

Combinați toate ingredientele pentru dressing.

Pulverizați peste legume.

Conopida la gratar, varza de Bruxelles si salata de vinete

Ingrediente:
5 bucheţe de conopidă

5 buc. varză de Bruxelles

12 uncii de vinete, tăiate pe lungime în dreptunghiuri de 1/2 inch grosime

4 roşii mari, feliate groase

5 bucheţe de conopidă

¼ cană ulei de nucă de macadamia

ingrediente pentru pansament

4 linguri ulei de masline

Condimente pentru fripturi, McCormick

2 linguri. oţet alb

1 lingura. cimbru uscat

1/2 lingurita sare de mare

Teme pentru acasă
Preîncălziţi grătarul la foc mediu mare.

Ungeţi legumele cu ¼ de cană de ulei.

Se presara cu sare si piper si se grata 4 min. pe fiecare parte.

Întoarceți o singură dată, astfel încât să puteți lăsa urme de grătar pe legume.

Combinați toate ingredientele pentru dressing.

Pulverizați peste legume.

Salata de vinete si sparanghel cu dovlecei la gratar

Ingrediente:

12 uncii de vinete (aproximativ 12 uncii în total), tăiate pe lungime în dreptunghiuri de 1/2 inch grosime

1 buc Dovlecel, feliat pe lungime şi tăiat în jumătate

6 buc. Sparanghel

4 roşii mari, feliate groase

5 varză de Bruxelles

¼ cană ulei de măsline extravirgin

ingrediente pentru pansament

6 linguri ulei de masline extravirgin

sare de mare, dupa gust

3 linguri otet de mere

1 lingura. dragă

1 lingurita de maioneza fara ou

Teme pentru acasă

Preîncălziți grătarul la foc mediu mare.

Ungeți legumele cu ¼ de cană de ulei.

bucătar

Se presara cu sare si piper si se grata 4 min. pe fiecare parte.

Întoarceți o singură dată, astfel încât să puteți lăsa urme de grătar pe legume.

Combinați toate ingredientele pentru dressing.

Pulverizați peste legume.

Salata de vinete si conopida la gratar

Ingrediente:
1 buc Dovlecel, feliat pe lungime și tăiat în jumătate
6 buc. Sparanghel
4 roșii mari, feliate groase
5 buchețe de conopidă
30 uncii de vinete (aproximativ 12 uncii în total), tăiate pe lungime în dreptunghiuri de 1/2 inch grosime
¼ cană ulei de măsline extravirgin

ingrediente pentru pansament
6 linguri ulei de masline
3 stropi de sos iute Tabasco
sare de mare, dupa gust
3 linguri otet de vin alb
1 lingurita de maioneza fara ou

Teme pentru acasă
Preîncălziți grătarul la foc mediu mare.

Ungeți legumele cu ¼ de cană de ulei.

bucătar

Se presara cu sare si piper si se grata 4 min. pe fiecare parte.

Întoarceți o singură dată, astfel încât să puteți lăsa urme de grătar pe legume.

Combinați toate ingredientele pentru dressing.

Pulverizați peste legume.

Salată verde la grătar și salată de morcovi

Ingrediente:

10 uncii de vinete (aproximativ 12 uncii în total), tăiate pe lungime în dreptunghiuri de 1/2 inch grosime

1 legatura de frunze de salata romana

2 morcovi medii, tăiați pe lungime și în jumătate

8 buc. Fasole verde

7 buchete de broccoli

¼ cană ulei de măsline extravirgin

ingrediente pentru pansament

6 linguri ulei de masline

1 lingurita praf de usturoi

sare de mare, dupa gust

3 linguri de otet alb distilat

1 lingurita de maioneza fara ou

Teme pentru acasă

Preîncălziți grătarul la foc mediu mare.

Ungeți legumele cu ¼ de cană de ulei.

bucătar

Se presara cu sare si piper si se grata 4 min. pe fiecare parte.

Întoarceți o singură dată, astfel încât să puteți lăsa urme de grătar pe legume.

Combinați toate ingredientele pentru dressing.

Pulverizați peste legume.

Salată de vinete și roșii la grătar

Ingrediente:

10 uncii de vinete (aproximativ 12 uncii în total), tăiate pe lungime în dreptunghiuri de 1/2 inch grosime

4 roșii mari, feliate groase

1 buchet de andive

1/4 cană ulei de măsline extravirgin

ingrediente pentru pansament

6 linguri ulei de masline extravirgin

sare de mare, dupa gust

3 linguri otet de mere

1 lingura. dragă

1 lingurita de maioneza fara ou

Teme pentru acasă

Preîncălziți grătarul la foc mediu mare.

Ungeți legumele cu ¼ de cană de ulei.

Se presara cu sare si piper si se grata 4 min. pe fiecare parte.

Întoarceți o singură dată, astfel încât să puteți lăsa urme de grătar pe legume.

Combinați toate ingredientele pentru dressing.

Pulverizați peste legume.

Salata de rosii si vinete cu dovlecel la gratar

Ingrediente:

10 uncii de vinete (aproximativ 12 uncii în total), tăiate pe lungime în dreptunghiuri de 1/2 inch grosime

1 buc Dovlecel, feliat pe lungime și tăiat în jumătate

4 roșii mari, feliate groase

5 buchețe de conopidă

6 buc. Sparanghel

¼ cană ulei de măsline extravirgin

Bandaj

2 linguri. ulei de nuci de macadamia

Condimente pentru fripturi, McCormick

3 linguri sherry uscat

1 lingura. cimbru uscat

Teme pentru acasă

Preîncălziți grătarul la foc mediu mare.

Ungeți legumele cu ¼ de cană de ulei.

Se presara cu sare si piper si se grata 4 min. pe fiecare parte.

Întoarceți o singură dată, astfel încât să puteți lăsa urme de grătar pe legume.

Combinați toate ingredientele pentru dressing.

Pulverizați peste legume.

Varza de Bruxelles la gratar si salata de vinete

Ingrediente:

10 uncii de vinete (aproximativ 12 uncii în total), tăiate pe lungime în dreptunghiuri de 1/2 inch grosime

5 buchețe de conopidă

5 buc. varză de Bruxelles

¼ cană ulei de măsline extravirgin

ingrediente pentru pansament

6 linguri ulei de masline

3 stropi de sos iute Tabasco

sare de mare, dupa gust

3 linguri otet de vin alb

1 lingurita de maioneza fara ou

Teme pentru acasă

Preîncălziți grătarul la foc mediu mare.

Ungeți legumele cu ¼ de cană de ulei.

Se presara cu sare si piper si se grata 4 min. pe fiecare parte.

Întoarceți o singură dată, astfel încât să puteți lăsa urme de grătar pe legume.

Combinați toate ingredientele pentru dressing.

Pulverizați peste legume.

Salata de vinete si sparanghel la gratar

Ingrediente:

1 buc Dovlecel, feliat pe lungime și tăiat în jumătate

6 buc. Sparanghel

30 uncii de vinete (aproximativ 12 uncii în total), tăiate pe lungime în dreptunghiuri de 1/2 inch grosime

¼ cană ulei de măsline extravirgin

ingrediente pentru pansament

4 linguri ulei de masline

Condimente pentru fripturi, McCormick

2 linguri. oțet alb

1 lingura. cimbru uscat

1/2 lingurita sare de mare

Teme pentru acasă

Preîncălziți grătarul la foc mediu mare.

Ungeți legumele cu ¼ de cană de ulei.

Se presara cu sare si piper si se grata 4 min. pe fiecare parte.

Întoarceți o singură dată, astfel încât să puteți lăsa urme de grătar pe legume.

Combinați toate ingredientele pentru dressing.

Pulverizați peste legume.

Salată de fasole verde prăjită și broccoli

Ingrediente:
8 buc. Fasole verde

7 buchete de broccoli

9 uncii de vinete (aproximativ 12 uncii în total), tăiate pe lungime în dreptunghiuri de 1/2 inch grosime

1 buchet de andive

1/4 cană ulei de măsline extravirgin

ingrediente pentru pansament

6 linguri ulei de masline extravirgin

sare de mare, dupa gust

3 linguri otet de mere

1 lingura. dragă

1 lingurita de maioneza fara ou

Teme pentru acasă

Preîncălziți grătarul la foc mediu mare.

Ungeți legumele cu ¼ de cană de ulei.

Se presara cu sare si piper si se grata 4 min. pe fiecare parte.

Întoarceți o singură dată, astfel încât să puteți lăsa urme de grătar pe legume.

Combinați toate ingredientele pentru dressing.

Pulverizați peste legume.

Salata de morcovi si salata verde la gratar

Ingrediente:

10 uncii de vinete (aproximativ 12 uncii în total), tăiate pe lungime în dreptunghiuri de 1/2 inch grosime

1 legatura de frunze de salata romana

2 morcovi medii, tăiați pe lungime și în jumătate

¼ cană ulei de măsline extravirgin

ingrediente pentru pansament

6 linguri ulei de masline

1 lingurita praf de usturoi

sare de mare, dupa gust

3 linguri de otet alb distilat

1 lingurita de maioneza fara ou

Teme pentru acasă

Preîncălziți grătarul la foc mediu mare.

Ungeți legumele cu ¼ de cană de ulei.

Se presara cu sare si piper si se grata 4 min. pe fiecare parte.

Întoarceți o singură dată, astfel încât să puteți lăsa urme de grătar pe legume.

Combinați toate ingredientele pentru dressing.

Pulverizați peste legume.

Salată de fasole verde prăjită și broccoli

Ingrediente:

8 buc. Fasole verde

7 buchete de broccoli

10 uncii de vinete (aproximativ 12 uncii în total), tăiate pe lungime în dreptunghiuri de 1/2 inch grosime

1 buc Dovlecel, feliat pe lungime și tăiat în jumătate

6 buc. Sparanghel

¼ cană ulei de măsline extravirgin

ingrediente pentru pansament

6 linguri ulei de masline

3 stropi de sos iute Tabasco

sare de mare, dupa gust

3 linguri otet de vin alb

1 lingurita de maioneza fara ou

Teme pentru acasă

Preîncălziți grătarul la foc mediu mare.

Ungeți legumele cu ¼ de cană de ulei.

Se presara cu sare si piper si se grata 4 min. pe fiecare parte.

Întoarceți o singură dată, astfel încât să puteți lăsa urme de grătar pe legume.

Combinați toate ingredientele pentru dressing.

Pulverizați peste legume.

Salată de dovlecei la grătar și andive

Ingrediente:
1 buc Dovlecel, feliat pe lungime și tăiat în jumătate
6 buc. Sparanghel
30 uncii de vinete (aproximativ 12 uncii în total), tăiate pe lungime în dreptunghiuri de 1/2 inch grosime
1 buchet de andive
1/4 cană ulei de măsline extravirgin

Bandaj
2 linguri. ulei de măsline extra virgin
Condimente pentru fripturi, McCormick
3 linguri sherry uscat
1 lingura. cimbru uscat

Teme pentru acasă
Preîncălziți grătarul la foc mediu mare.

Ungeți legumele cu ¼ de cană de ulei.

Se presara cu sare si piper si se grata 4 min. pe fiecare parte.

Întoarceți o singură dată, astfel încât să puteți lăsa urme de grătar pe legume.

Combinați toate ingredientele pentru dressing.

Pulverizați peste legume.

Salată de conopidă prăjită și varză de Bruxelles

Ingrediente:
5 buchețe de conopidă
5 buc. varză de Bruxelles
30 uncii de vinete (aproximativ 12 uncii în total), tăiate pe lungime în dreptunghiuri de 1/2 inch grosime
¼ cană ulei de măsline extravirgin

ingrediente pentru pansament
6 linguri ulei de masline extravirgin
sare de mare, dupa gust
3 linguri otet de mere
1 lingura. dragă
1 lingurita de maioneza fara ou

Teme pentru acasă
Preîncălziți grătarul la foc mediu mare.

Ungeți legumele cu ¼ de cană de ulei.

Se presara cu sare si piper si se grata 4 min. pe fiecare parte.

Întoarceți o singură dată, astfel încât să puteți lăsa urme de grătar pe legume.

Combinați toate ingredientele pentru dressing.

Pulverizați peste legume.

Salată simplă de vinete la grătar

Ingrediente:
10 uncii de vinete (aproximativ 12 uncii în total), tăiate pe lungime în dreptunghiuri de 1/2 inch grosime

¼ cană ulei de măsline extravirgin

ingrediente pentru pansament

6 linguri ulei de masline

1 lingurita praf de usturoi

sare de mare, dupa gust

3 linguri de otet alb distilat

1 lingurita de maioneza fara ou

Teme pentru acasă
Preîncălziți grătarul la foc mediu mare.

Ungeți legumele cu ¼ de cană de ulei.

Se presara cu sare si piper si se grata 4 min. pe fiecare parte.

Întoarceți o singură dată, astfel încât să puteți lăsa urme de grătar pe legume.

Combinați toate ingredientele pentru dressing.

Pulverizați peste legume.

Salată de fasole verde și roșii la grătar

Ingrediente:

8 buc. Fasole verde

7 buchete de broccoli

4 roșii mari, feliate groase

5 buchețe de conopidă

¼ cană ulei de nucă de macadamia

ingrediente pentru pansament

4 linguri ulei de masline

Condimente pentru fripturi, McCormick

2 linguri. oțet alb

1 lingura. cimbru uscat

1/2 lingurita sare de mare

Teme pentru acasă

Preîncălziți grătarul la foc mediu mare.

Ungeți legumele cu ¼ de cană de ulei.

Se presara cu sare si piper si se grata 4 min. pe fiecare parte.

Întoarceți o singură dată, astfel încât să puteți lăsa urme de grătar pe legume.

Combinați toate ingredientele pentru dressing.

Pulverizați peste legume.

Salata de morcovi si salata verde la gratar

Ingrediente:
8 buc. Fasole verde

7 buchete de broccoli

1 legatura de frunze de salata romana

2 morcovi medii, tăiați pe lungime și în jumătate

¼ cană ulei de nucă de macadamia

Bandaj
2 linguri. ulei de nuci de macadamia

Condimente pentru fripturi, McCormick

3 linguri sherry uscat

1 lingura. cimbru uscat

Teme pentru acasă
Preîncălziți grătarul la foc mediu mare.

Ungeți legumele cu ¼ de cană de ulei.

Se presara cu sare si piper si se grata 4 min. pe fiecare parte.

Întoarceți o singură dată, astfel încât să puteți lăsa urme de grătar pe legume.

Combinați toate ingredientele pentru dressing.

Pulverizați peste legume.

Salată de vinete și andive la grătar

Ingrediente:

10 uncii de vinete (aproximativ 12 uncii în total), tăiate pe lungime în dreptunghiuri de 1/2 inch grosime

1 buchet de andive

1/4 cană ulei de măsline extravirgin

ingrediente pentru pansament

6 linguri ulei de masline

3 stropi de sos iute Tabasco

sare de mare, dupa gust

3 linguri otet de vin alb

1 lingurita de maioneza fara ou

Teme pentru acasă

Preîncălziți grătarul la foc mediu mare.

Ungeți legumele cu ¼ de cană de ulei.

Se presara cu sare si piper si se grata 4 min. pe fiecare parte.

Întoarceți o singură dată, astfel încât să puteți lăsa urme de grătar pe legume.

Combinați toate ingredientele pentru dressing.

Pulverizați peste legume.

Salată de roșii la grătar și conopidă

Ingrediente:

10 uncii de vinete (aproximativ 12 uncii în total), tăiate pe lungime în dreptunghiuri de 1/2 inch grosime

4 roșii mari, feliate groase

5 buchețe de conopidă

¼ cană ulei de nucă de macadamia

ingrediente pentru pansament

6 linguri ulei de masline

1 lingurita praf de usturoi

sare de mare, dupa gust

3 linguri de otet alb distilat

1 lingurita de maioneza fara ou

Teme pentru acasă

Preîncălziți grătarul la foc mediu mare.

Ungeți legumele cu ¼ de cană de ulei.

Se presara cu sare si piper si se grata 4 min. pe fiecare parte.

Întoarceți o singură dată, astfel încât să puteți lăsa urme de grătar pe legume.

Combinați toate ingredientele pentru dressing.

Pulverizați peste legume.

Salată de conopidă prăjită și varză de Bruxelles

Ingrediente:

5 buchețe de conopidă

5 buc. varză de Bruxelles

¼ cană ulei de nucă de macadamia

ingrediente pentru pansament

6 linguri ulei de masline extravirgin

sare de mare, dupa gust

3 linguri otet de mere

1 lingura. dragă

1 lingurita de maioneza fara ou

Teme pentru acasă

Preîncălziți grătarul la foc mediu mare.

Ungeți legumele cu ¼ de cană de ulei.

Se presara cu sare si piper si se grata 4 min. pe fiecare parte.

Întoarceți o singură dată, astfel încât să puteți lăsa urme de grătar pe legume.

Combinați toate ingredientele pentru dressing.

Pulverizați peste legume.

Salată de andive, sparanghel și vinete la grătar

Ingrediente:

10 uncii de vinete (aproximativ 12 uncii în total), tăiate pe lungime în dreptunghiuri de 1/2 inch grosime

1 buc Dovlecel, feliat pe lungime și tăiat în jumătate

6 buc. Sparanghel

8 buc. Fasole verde

1 buchet de andive

1/4 cană ulei de măsline extravirgin

Bandaj

2 linguri. ulei de nuci de macadamia

Condimente pentru fripturi, McCormick

3 linguri sherry uscat

1 lingura. cimbru uscat

Teme pentru acasă

Preîncălziți grătarul la foc mediu mare.

Ungeți legumele cu ¼ de cană de ulei.

Se presara cu sare si piper si se grata 4 min. pe fiecare parte.

Întoarceți o singură dată, astfel încât să puteți lăsa urme de grătar pe legume.

Combinați toate ingredientele pentru dressing.

Pulverizați peste legume.

Salata de dovlecei, sparanghel si vinete la gratar

Ingrediente:
1 buc Dovlecel, feliat pe lungime și tăiat în jumătate
6 buc. Sparanghel
30 uncii de vinete (aproximativ 12 uncii în total), tăiate pe lungime în dreptunghiuri de 1/2 inch grosime
¼ cană ulei de măsline extravirgin

ingrediente pentru pansament
6 linguri ulei de masline
3 stropi de sos iute Tabasco
sare de mare, dupa gust
3 linguri otet de vin alb
1 lingurita de maioneza fara ou

Teme pentru acasă
Preîncălziți grătarul la foc mediu mare.

Ungeți legumele cu ¼ de cană de ulei.

Se presara cu sare si piper si se grata 4 min. pe fiecare parte.

Întoarceți o singură dată, astfel încât să puteți lăsa urme de grătar pe legume.

Combinați toate ingredientele pentru dressing.

Pulverizați peste legume.

Sparanghel la gratar, varza de Bruxelles si salata de dovlecel

Ingrediente:
1 buc Dovlecel, feliat pe lungime și tăiat în jumătate
6 buc. Sparanghel
5 buchețe de conopidă
5 buc. varză de Bruxelles
¼ cană ulei de nucă de macadamia

ingrediente pentru pansament
6 linguri ulei de masline
1 lingurita praf de usturoi
sare de mare, dupa gust
3 linguri de otet alb distilat
1 lingurita de maioneza fara ou

Teme pentru acasă
Preîncălziți grătarul la foc mediu mare.

Ungeți legumele cu ¼ de cană de ulei.

Se presara cu sare si piper si se grata 4 min. pe fiecare parte.

Întoarceți o singură dată, astfel încât să puteți lăsa urme de grătar pe legume.

Combinați toate ingredientele pentru dressing.

Pulverizați peste legume.

Salata de vinete si sparanghel cu dovlecei la gratar

Ingrediente:
10 uncii de vinete (aproximativ 12 uncii în total), tăiate pe lungime în dreptunghiuri de 1/2 inch grosime

1 buc Dovlecel, feliat pe lungime și tăiat în jumătate

6 buc. Sparanghel

¼ cană ulei de măsline extravirgin

ingrediente pentru pansament

4 linguri ulei de masline

Condimente pentru fripturi, McCormick

2 linguri. oțet alb

1 lingura. cimbru uscat

1/2 lingurita sare de mare

Teme pentru acasă
Preîncălziți grătarul la foc mediu mare.

Ungeți legumele cu ¼ de cană de ulei.

Se presara cu sare si piper si se grata 4 min. pe fiecare parte.

Întoarceți o singură dată, astfel încât să puteți lăsa urme de grătar pe legume.

Combinați toate ingredientele pentru dressing.

Pulverizați peste legume.

Salata de vinete la gratar si salata romana

Ingrediente:

10 uncii de vinete (aproximativ 12 uncii în total), tăiate pe lungime în dreptunghiuri de 1/2 inch grosime

1 legatura de frunze de salata romana

2 morcovi medii, tăiați pe lungime și în jumătate

¼ cană ulei de nucă de macadamia

ingrediente pentru pansament

6 linguri ulei de masline

3 stropi de sos iute Tabasco

sare de mare, dupa gust

3 linguri otet de vin alb

1 lingurita de maioneza fara ou

Teme pentru acasă

Preîncălziți grătarul la foc mediu mare.

Ungeți legumele cu ¼ de cană de ulei.

Se presara cu sare si piper si se grata 4 min. pe fiecare parte.

Întoarceți o singură dată, astfel încât să puteți lăsa urme de grătar pe legume.

Combinați toate ingredientele pentru dressing.

Pulverizați peste legume.

Salată de andive cu conopidă la grătar și fasole verde

Ingrediente:

5 buchețe de conopidă

5 buc. varză de Bruxelles

8 buc. Fasole verde

7 buchete de broccoli

1 buchet de andive

1/4 cană ulei de măsline extravirgin

ingrediente pentru pansament

6 linguri ulei de masline extravirgin

sare de mare, dupa gust

3 linguri otet de mere

1 lingura. dragă

1 lingurita de maioneza fara ou

Teme pentru acasă

Preîncălziți grătarul la foc mediu mare.

Ungeți legumele cu ¼ de cană de ulei.

Se presara cu sare si piper si se grata 4 min. pe fiecare parte.

Întoarceți o singură dată, astfel încât să puteți lăsa urme de grătar pe legume.

Combinați toate ingredientele pentru dressing.

Pulverizați peste legume.

Salata de vinete la gratar, rosii si conopida

Ingrediente:

10 uncii de vinete (aproximativ 12 uncii în total), tăiate pe lungime în dreptunghiuri de 1/2 inch grosime

4 roșii mari, feliate groase

5 buchețe de conopidă

¼ cană ulei de măsline extravirgin

Bandaj

2 linguri. ulei de nuci de macadamia

Condimente pentru fripturi, McCormick

3 linguri sherry uscat

1 lingura. cimbru uscat

Teme pentru acasă

Preîncălziți grătarul la foc mediu mare.

Ungeți legumele cu ¼ de cană de ulei.

Se presara cu sare si piper si se grata 4 min. pe fiecare parte.

Întoarceți o singură dată, astfel încât să puteți lăsa urme de grătar pe legume.

Combinați toate ingredientele pentru dressing.

Pulverizați peste legume.

Salată de dovlecel cu vinete la grătar și andive

Ingrediente:
10 uncii de vinete (aproximativ 12 uncii în total), tăiate pe lungime în dreptunghiuri de 1/2 inch grosime

1 buc Dovlecel, feliat pe lungime și tăiat în jumătate

4 roșii mari, feliate groase

1 buchet de andive

1/4 cană ulei de măsline extravirgin

Bandaj
2 linguri. ulei de nuci de macadamia

Condimente pentru fripturi, McCormick

3 linguri sherry uscat

1 lingura. cimbru uscat

Teme pentru acasă
Preîncălziți grătarul la foc mediu mare.

Ungeți legumele cu ¼ de cană de ulei.

Se presara cu sare si piper si se grata 4 min. pe fiecare parte.

Întoarceți o singură dată, astfel încât să puteți lăsa urme de grătar pe legume.

Combinați toate ingredientele pentru dressing.

Pulverizați peste legume.

Salată de morcovi, roșii și vinete la grătar

Ingrediente:

10 uncii de vinete (aproximativ 12 uncii în total), tăiate pe lungime în dreptunghiuri de 1/2 inch grosime

4 roșii mari, feliate groase

5 buchețe de conopidă

2 morcovi medii, tăiați pe lungime și în jumătate

¼ cană ulei de nucă de macadamia

ingrediente pentru pansament

6 linguri ulei de masline

1 lingurita praf de usturoi

sare de mare, dupa gust

3 linguri de otet alb distilat

1 lingurita de maioneza fara ou

Teme pentru acasă

Preîncălziți grătarul la foc mediu mare.

Ungeți legumele cu ¼ de cană de ulei.

Se presara cu sare si piper si se grata 4 min. pe fiecare parte.

Întoarceți o singură dată, astfel încât să puteți lăsa urme de grătar pe legume.

Combinați toate ingredientele pentru dressing.

Pulverizați peste legume.

www.ingramcontent.com/pod-product-compliance
Lightning Source LLC
Chambersburg PA
CBHW050344120526
44590CB00015B/1551